おしえてブッダせんせい
こころのふしぎ

心を育てる
こども
仏教塾

宮下 真 著
まつおか たかこ 絵

永岡書店

はじめに

おうちの方へ

なぜだろう？　どうして？　子どもたちはふだんからさまざまな疑問を抱き、「ふしぎだなあ」と感じています。身の周りのことや自然のことなど、「なぜ」の対象はいろいろですが、なかでも不思議なのが心のはたらきでしょう。

嬉しくなったり、わくわくしたかと思えば、ふとさみしくなったり、暗い気持ちに沈んだり。変わりやすい心の動きというのは、大人でもうまく説明できないものです。

その心について、2千5百年も前に真剣に考え抜いたのがブッダ（お釈迦様）という人です。人の心を悩ませ、苦しめるものは何なのか。苦悩から人を救い、心安らかに楽しく生きるにはどうすればいいのか。ブッダはその答えを見つけ、人々に教えを説きました。それが仏教の始まりです。

この本は、子どもたちが感じる「こころのふしぎ」や日常の「なぜ」について、ブッダがやさしく答えてくれる〝こころを知る本〟です。ブッダ先生のことばから、毎日の生活で、そしてこれから生きていくうえで、本当に大切なことは何かを子どもたちが感じとってくれれば幸いです。

宮下　真

第一章 自分《じぶん》のこころのなぜ

好《す》きな子《こ》に会《あ》えないと、なぜ、かなしくなるの？ 10

人《ひと》にほめられると、うれしくなるのはなぜ？ 12

友《とも》だちとけんかすると、なぜイヤな気《き》もちがつづいちゃうの？ 14

お母《かあ》さんのそばにいると安心《あんしん》するのはなぜ？ 16

がまんって、どうしてひつようなの？ 18

なぜ、弱《よわ》い子《こ》をいじめてはいけないの？ 20

好《す》きな子《こ》が、ほかの子《こ》となかよくすると、なぜくやしくなるの？ 22

運動《うんどう》がとくいな子《こ》を見《み》ると、うらやましくなるのはなぜ？ 24

どうしてほかの子《こ》にいじわるされるとなきたくなるの？ 28

おてつだいや勉強《べんきょう》がきらいな自分《じぶん》は、わるい子《こ》なの？ 30

勇気《ゆうき》をもつって、どういうこと？ 32

「しあわせ」ってどういう気《き》もち？ 34

どうしたら、やさしい人《ひと》になれるの？ 36

ブッダさんのおしえ

ブッダさんってどんな人《ひと》？ 38

第二章 身《み》のまわりのなぜ

夕日《ゆうひ》を見《み》ると ときどきさびしくなるのはなぜ？ 40
おとなは、なぜいつも「いそがしい」って言《い》うの？ 42
なぜ時間《じかん》は早《はや》くすぎるときと、ゆっくりすぎるときがあるの？ 44
やくそくを守《まも》らないと、わるい人になるの？ 46
「もっとがんばって」と言《い》われるけど、どうすればいいの？ 48
なぜ、勉強《べんきょう》をしなくちゃならないの？ 50
なぜ「もくひょうを立《た》てよう」って言《い》うの？ 52

うちのイヌが死《し》んじゃった。かなしい気《き》もちはいつなくなるの？ 56
なぜ、ごはんの前《まえ》にかならず「いただきます」を言《い》うの？ 58
なぜ、きらいな食《た》べものも食《た》べなくちゃいけないの？ 60
なぜ、ひろったものは、自分《じぶん》のものにしちゃいけないの？ 62
ブッダさんのおしえ
ずっと同《おな》じじゃない 64

第三章 かぞくと友《とも》だちのなぜ

なぜ、お父《とう》さんとお母《かあ》さんはときどきけんかするの？ 66

なぜ、あいさつをちゃんとしないとお母《かあ》さんはおこるの？ 68

「みんなとなかよく」っていうけど、きらいな子《こ》とはどうするの？ 70

かぞくみんなで出《で》かけると、どうして楽《たの》しいの？ 72

おばあちゃんは、なぜいつもやさしいの？ 76

なぜ、イヤな子《こ》を「なかまはずれ」にしてはいけないの？ 78

友《とも》だちがすくないことは、だめなことなの？ 80

いまの友《とも》だちと、おとなになっても友《とも》だちでいられる？ 82

子《こ》どもとおとなのこころは、どうちがうの？ 84

ブッダさんに会《あ》えるところ 86

ブッダさんのおしえ
こころをきれいにしておく 88

第四章 いのちのふしぎとなぜ

花《はな》や木《き》にも、いのちってあるの？ 90

なぜ、子《こ》ネコや子《こ》イヌはあんなにかわいいの？ 92

病気《びょうき》になると、こころも弱《よわ》くなるの？ 94

お父《とう》さんやお母《かあ》さんも、いつか死《し》んじゃうの？ 96

死《し》んじゃった人《ひと》は、もうどこにもいないの？ 98

どうして、人間《にんげん》はせんそうで人《ひと》をころすの？ 102

いのちを大事《だいじ》にするって、どういうこと？ 104

自分《じぶん》のいのちは、どこからきたの？ 106

生《い》きることって、楽《たの》しいの？ 108

仏教《ぶっきょう》からきたことば

ふしぎ【不思議】26
こんじょう【根性】27
じゃま【邪魔】54
めいわく【迷惑】55
だいじょうぶ【大丈夫】74
うちょうてん【有頂天】75
えんぎ【縁起】100
かんさつ【観察】101

右ページには、子どもの問いかけとそれに対するブッダの答えがあり、関連するブッダのことばを小さく載せています。左ページでは、ブッダの答えをやさしく説明しながら、子どもたちへのアドバイスも加えています。「おうちのかたへ」は、ブッダの教えや仏教的考え方を心の教育にどう生かしていくかを保護者の方に向けて述べています。子どもが読み、親が読み、親子で会話を交わしながら「こころを知る本」として、ぜひくり返し楽しんでください。

第一章

自《じ》分《ぶん》のこころのなぜ

好《す》きな子《こ》に
会《あ》えないと、
なぜ、
かなしくなるの？

人が生きることは「苦」の連続であり、思うがままにならないことから「苦」が生じる。
《パーリ仏典より》

思《おも》いどおりにならないことは、
きみのこころをくるしくしたり
かなしくしたりする
げんいんだからね

のぞみどおりにはいかない

好《す》きな子《こ》に会《あ》いたいのに、会《あ》えないとか、いっしょにそばにいたいのに、いられないと、さびしくてかなしい気《き》もちになるよね。
あいてが大好《だいす》きな子《こ》だったら、会《あ》えないと、大切《たいせつ》なものが遠《とお》くへ行《い》ってしまったような気《き》もちになるかもしれない。こころに、ポッカリあながあいたようになって、それがなかなかふさがらないから、かなしい気《き》もちになってしまうんだね。

自分《じぶん》の思《おも》いどおりにならないことは、それだけでつらいことです。でも、「思《おも》いどおりにならないことはいっぱいある」と知《し》っておくと、きみの気《き》もちは、すこしラクになるかもしれないよ。

おうちのかたへ

ブッダは、人が生きることの本質はつらいこと、「苦」の連続だとしています。仏教でいう「苦」とは、単に苦しみのことではなく、「思うようにならない」ことを意味しています。好きな人と会いたくても会えないことや、欲しがっても手に入らないことも「苦」なのです。子どもにも、自分の望みどおりにはすべていかないこと、そのつらい気持ちを乗り越えて人は少しずつ成長していくことを伝えましょう。

人《ひと》にほめられると、うれしくなるのはなぜ？

ものごとは心にもとづき、心を主とし、心によって作り出される。《ダンマパダ1より》

きみのこころが正《ただ》しいって言《い》われた気《き》もちになるからだね

ほめられたのはこころ

だれかにほめられるというのは、きみのしたことや、言《い》ったことを「よいこと」とみとめられたということだよね。

よいことと、わるいことのちがいはわかるかな？　きれいなこころがはたらいて行動《こうどう》にあらわれるのが「よいこと」、よごれたこころがはたらいて行動《こうどう》にあらわれるのが「わるいこと」なんだ。ものごとは、ぜんぶ人《ひと》のこころにもとづいて作《つく》りだされるから、きみがした「よいこと」は、きみのきれいなこころがおこしたことだよね。

たとえば、こまっているお年《とし》よりを助《たす》けてほめられたとしたら、きみのやさしいこころをほめられたことになるから、うれしいんだね。

おうちのかたへ

「ものごとは心にもとづき、心を主とし、心によって作り出される。もしも汚れた心で話したり行動するなら、苦しみはその人につき従う。もしも清らかな心で話したり行動するなら、幸福はその人につき従う」《ダンマパダ1、2》とブッダは言っています。行動の善し悪しは心の持ち方によって変わることを教え、親が子どもをほめるのも、きれいなやさしい心による行動がうれしいからだと伝えましょう。

友《とも》だちとけんかすると、なぜイヤな気《き》もちがつづいちゃうの？

きている服《ふく》をよごしたみたいにこころがよごれたような気《き》もちになるから

自分が他人よりすぐれているとも、他人より劣っているとも思わない人は、苦悩することがない。《スッタニパータ855より》

こころを早《はや》くあらって

ブッダは、「自分《じぶん》とほかの人《ひと》をくべつして、自分《じぶん》ばかり大事《だいじ》にしようとすると、いかりや、にくしみが生《う》まれる」と言《い》っています。けんかをしてイヤな気《き》もちになるのは、「いかりやにくしみ」という、「わるいこころのもと」が、きみのこころにできてしまったせいかもしれないね。

きている服《ふく》をよごして、よごれたままでいると気《き》もちがわるいよね。こころも同《おな》じで、わるいこころでよごれたら、早《はや》くあらわないといつまでもイヤな気《き》もちがつづいてしまう。あらうためには、けんかしたあいてと、なかなおりするのがいちばんだ。「ごめんね」「もうけんかはよそう」。そう声《こえ》をかけるだけで、イヤな気《き》もちはすーっとなくなるよ。

おうちのかたへ

自分と他人を優劣で判断したり、自己中心にものごとを考えることが怒りや憎しみを生むもとだと、ブッダは言っています。子どもたちが、ときどき言い争いやけんかになってしまうのは仕方がないことですが、対立や不仲を後まで引きずらないように注意したいです。考え方や行動の仕方、容姿の違いも含めて、「自分とは違う相手」を認めて、他人を受け入れることの大事さを教えましょう。

お母《かあ》さんのそばにいると安《あん》心《しん》するのはなぜ？

お母《かあ》さんは、きみを
いつもこころで
だきしめているからだよ

母親がわが子を命がけで守るように、すべてのいのちあるものに限りない慈しみの心を持つべきである。《スッタニパータ149より》

いちばんすごいやさしさ

きみがもっと小《ちい》さかったころ、お母《かあ》さんは、いつもきみをだいていてくれました。おぼえているかな。それは、きみがあまりにも小《ちい》さくて、よわよわしくて、ひとりでは生《い》きていけないことをよく知《し》っていたからだね。

いまもまだ、きみは子《こ》どもで小《ちい》さいけれど、ほうっておいてもひとりでごはんは食《た》べられるし、だっこしてもらわなくても、ひとりでおふろに入《はい》れるよね。だからお母《かあ》さんは、むかしのようにきみを、じっさいにだきしめたりはしないけれど、こころも体《からだ》もちゃんと育《そだ》つように、いつも見守《みまも》っています。こころの中《なか》できみをだきしめて、いちばんすごいやさしさで、きみをつつんでいます。だから、そばにいるだけで安心《あんしん》するんだね。

おうちのかたへ

人々を「苦」から救うというブッダの教えの根本には、「慈悲」があります。慈悲とはいつくしみとあわれみの心をいい、「最も純粋なかたちの愛」ともいえます。あわれみとは、他人の苦しみや悲しみを、自分の苦しみや悲しみと受け止めることで、子に対する母親の気持ちはまさにそういうものでしょう。日々自然な愛情を注いでいれば、ことばにしなくても、子どもは母親のやさしさを感じとっています。

がまんって、どうしてひつようなの？

がまんをおぼえると、
やさしさや、
強《つよ》さが身《み》につくよ

心はとらえがたく、軽々と欲望のままに動いていく。心はしっかり制御するのがよい。
《ダンマパダ35より》

自分《じぶん》のこころをおさえる

「新《あたら》しいゲームがほしい」とか、「しゅくだいをやめてあそびに行《い》きたい」など、あれがほしい、これをしたいという気《き》もちのことを、「よっきゅう」や「よくぼう」といいます。人《ひと》はみんな、いろいろな「よくぼう」をもっていて、それをかなえたり、がまんしたりしながら、毎日《まいにち》をすごしています。

ブッダは、この「よくぼう」が人《ひと》のこころをくるしめる大《おお》きなげんいんだ、と知《し》っていたので、こころをコントロールして「よくぼう」をおさえることが大事《だいじ》だ、とみんなに教《おし》えてきたのです。がまんすることは、その方法《ほうほう》のひとつなんだよ。がまんができる人《ひと》になると、こころがおちついてフラフラしなくなるので、やさしさや強《つよ》さも、きみのこころに生《う》まれるよ。

おうちのかたへ

「たとえ金貨の雨が降ろうとも、欲望が満足することはない。快楽の味は短く、あとに続くのは苦しみである」《ダンマパダ186》とブッダは言っています。子どもの欲求のままに物を買い与えたり、好き勝手な行動を許していると、わがままで自分勝手な子になってしまいます。「がまん」を覚えさせるのは、成長のために必要な忍耐や自制心をやしなう一歩と考えましょう。「制御された心は安楽をもたらす」とブッダはくり返し言っています。

なぜ、弱《よわ》い子《こ》をいじめてはいけないの？

だれであっても、どんなときでも、他人を軽んじてはならない。他人を悩まそうとして、苦痛を与えてはならない。

《スッタニパータ１４８より》

あいてのこころにナイフをさし、
自分《じぶん》のこころをわるい、
よごれたものにして
しまうからね

くるしくてかなしい顔《かお》

だれかにいじめられている子《こ》を、見《み》たことはありますか？　その子《こ》はどんな顔《かお》をしていましたか？　なきそうだったり、こわがっていませんでしたか？　人《ひと》はいじめられたり、ひどくいやなことをされると、ふだんは見《み》せたことのない、くるしそうなかなしい顔《かお》になってしまいます。それは、見《み》えないナイフでさされたように、こころがきずついてしまうからなんだ。

きみは、自分《じぶん》のゆびをちょっと切《き》っただけでもいたい、というのを知《し》ってるよね。いじめられて、こころをさされたようになったら、もっとひどいいたみが、ずっとつづくんだ。そして、いじめた人《ひと》のこころには、まっ黒《くろ》なよごれがベッタリくっついてしまう。だから、ぜったいにしてはだめなんだ。

おうちのかたへ

遊び半分の気持ちで年下の子や気の弱い子をからかっているうちに、いじめに発展してしまうことがあります。いじめの自覚がないまま人の心を傷つけてしまうことのないように、「自分がされたらいやなことは、他人にも絶対しない」ことを教えたいです。とくに弱い者いじめは、人間として最も卑怯な行為であることを心に刻ませましょう。ブッダは、暴力をはじめ他人を軽視したり苦痛を与えることを徹底して否定しています。

好《す》きな子《こ》が、ほかの子《こ》となかよくすると、なぜくやしくなるの？

どんなことも、「ひとりじめ」はできないことを知《し》っておこう

人は「これは自分のものだ」と執着することによって苦しむ。それは「いつか自分から離れていく」と知ることだ。《スッタニパータ805より》

だれのものでもないのに

大好《だいす》きな子《こ》が、ほかの人《ひと》となかよく楽《たの》しそうにしているのを見《み》ると、さびしいような、くやしいような気《き》もちになることがあるよね。その子《こ》をとられてしまうようなへんな気《き》もち、これを「しっと」というんだ。

「しっと」は子《こ》どもにもおとなにもあって、人《ひと》のこころをくるしめる、大《おお》きなもとだとブッダは言《い》っています。きみが好《す》きな子《こ》は、だれのものでもないのに、きみが「自分《じぶん》のものにしたい」と勝手《かって》に思《おも》いこんでいるから、くやしい気《き》もちがわいてくるんだね。世《よ》の中《なか》にあるものは、「ひとりじめ」はできないし、自分《じぶん》のものにしたと思《おも》っても、いつか自分《じぶん》からはなれていってしまうのです。それをわすれずにいると、「しっと」でくるしまずにすむよ。

おうちのかたへ

所有欲や独占欲というのは子どもにもあり、それが思うようにならないと「嫉妬心」が芽生えることもあります。嫉妬は人間の最も基本的な感情の一つで、子ども心の「やきもち」も自然な感情なのです。ただし、幼いころから甘やかしすぎて独占欲が極端に強い場合は注意が必要です。仏教では嫉妬は人を苦悩させる煩悩の代表的なものとされ、ブッダは対象への「執着」を手放すことが人を苦から救うと教えています。

運動《うんどう》がとくいな子《こ》を見《み》ると、うらやましくなるのはなぜ？

自分《じぶん》がもっていないものを
ほしがる気《き》もちが
出《で》てくるからだね

努め励むことの大切さを知る人は、
努力を喜び、聖者たちの境地を楽しむ。
《ダンマパダ32より》

そうなりたいとがんばる！

「うらやましい」というのは、たとえば、サッカーがすごくじょうずな子《こ》や、水泳《すいえい》がとくいな子《こ》を見《み》て、自分《じぶん》もそういうふうになりたいなと思《おも》うことだよね。うらやましいと思《おも》っておわりではなく、そうなりたい！　とがんばってどりょくすることは、とてもいいことだよ。ブッダも、「どりょくして、がんばる。それをつづけることが、しあわせへの道《みち》だ」と言《い》っています。

でも、人《ひと》にはそれぞれ「こせい」というちがいがあり、向《む》いていることと、向《む》いていないことがあります。なんでもできて、なんでもいちばんになる人《ひと》はいません。自分《じぶん》にないものをむりにほしがるのは、「ないものねだり」といって、こころをくるしめる「よくぼう」のひとつだから、気《き》をつけようね。

おうちのかたへ

運動や勉強ができる子をうらやましがるのは子どもの素直な感情で、「自分もそうなりたいから、がんばる」という向上心や努力のきっかけにもなります。でも、うらやましく思っても「自分にはむり」と何もせずにあきらめてしまう子もいます。そんなときは、「だめだと決めつけないでやってみよう」など、親からの一言で背中を押してあげたいものです。ブッダも、努力し励むことを続けなさいと修行者にくり返し伝えています。

ふしぎ【不思議】

この世《よ》の中《なか》は、ふしぎなことがたくさんありますね。こころの動《うご》きもそうだし、体《からだ》のことや、動物《どうぶつ》、しぜん、うちゅうについても、ふしぎなことばかりです。「ふしぎ」とは、「ふかしぎ（不可思議）」ということばがみじかくなったもので、考《かんが》えることもできないこと、考《かんが》えようとしてもわからないこと、という意《い》味《み》があります。

　もともとは仏教《ぶっきょう》（ブッダの教《おし》え）からきたことばで、ブッダのように、この世《よ》の本当《ほんとう》のこと（真理《しんり》）をすべてわかった人《ひと》のこころのようすなど、ことばであらわしたり、そうぞうすることができないことをさすことばなのです。ことばもふしぎですね。

仏教語の不思議（不可思議）は、ことばで言い表したり、心でおしはかることのできないこと。仏のさとりの境地をさしています。

こんじょう【根性】

スポーツのしあいをおうえんするとき、「こんじょう出《だ》してがんばれ」とか、「こんじょう見《み》せてやれ」なんて声《こえ》をかけることがありますね。こんじょうとは、かんたんにくじけず、がんばろうとする強《つよ》い気《き》もちのこと。また、その人《ひと》の生《う》まれつきの性質《せいしつ》のこともいいます。

これもともとは仏教《ぶっきょう》からきたことばで、ほとけさまの教《おし》えをどれだけりかいできるかという、そしつやのう力《りょく》のことをさしていました。こんじょうは人《ひと》によって差《さ》があるので、ブッダは、あいてによって話《はなし》のなかみや話《はな》し方《かた》をかえて、だれにでもわかるように教《おし》えを広《ひろ》めていったそうですよ。

仏教語の根性は「機根《きこん》」ともいい、
宗教的素質や能力（宗教的理解力）をさしています。

どうして ほかの子《こ》に いじわるされると なきたくなるの？

むねの中《なか》に
いっぱいトゲを
さされたように、
こころがいたくなるから

彼は私を罵った、私を打った、私を破った。そのような思いを抱く人に、怨みが静まることはない。《ダンマパダ3より》

こころにささったトゲ

いじわるされると、かなしくなるよね。きみがイヤな思《おも》いをするのを、よろこんでいる子《こ》がいるのかもしれない。わざときみがこまるようにして、おもしろがっているのかもしれない。そんなふうに感《かん》じて、こころにトゲがいっぱいささったようにいたくなってくる。だから、なきたくなるんだね。

友《とも》だちだと思《おも》っていた子《こ》にいじわるされたら、トゲは大《おお》きくて、よけいにいたいはずです。ささったトゲは、あいての「わるいこころ」のかけらなんだね。トゲはいつかはぬけます。でもきみは、しかえしに、いじわるしたあいてにトゲをさしてやろう、なんてぜったいに考《かんが》えないこと。強《つよ》いこころがもてるようになると、トゲもささらなくなるよ。

おうちのかたへ

些細ないじわるでも、子どもの心は傷つきやすいものです。遊びとは違ういやがらせや悪意に子どもは敏感で、ときには自分を全否定されたように感じ、泣きたくなってしまうこともあります。強く正しい心を育てると、トゲは自分ですぐ抜けるようになり、トゲも刺さらなくなる（いじわるをしてくる相手もいなくなる）ことを教えたいです。そして大事なのは、相手をずっと怨んだり、仕返しを考えたりさせないことです。

おてつだいや勉強《べんきょう》がきらいな自分《じぶん》は、わるい子《こ》なの？

きらいだけどやろう、
という気《き》もちがあるうちは、
だいじょうぶ

未来になすべきことをあらかじめ心がけておくべきである。なすべきときに、なすべき仕事をそこなわないように。

《ウダーナヴァルガ16章より》

きみが自分《じぶん》のためにやる

きっと自分《じぶん》では、おてつだいも勉強《べんきょう》も「もっとちゃんとやらなくちゃ」と思《おも》っているんだよね。そういう気《き》もちがあるうちは、ぜんぜんだめな子《こ》じゃないから、だいじょうぶ。でも、なぜきらいなのか考《かんが》えてみたことはある？　きみは、おてつだいや勉強《べんきょう》を「やらされている」と思《おも》っていないかな？

かぞくできょう力《りょく》して家《いえ》のことをてつだうのは、みんなで気《き》もちよくすごすために、とても大事《だいじ》なんだ。お母《かあ》さんもよろこんでくれるし、人《ひと》の役《やく》に立《た》つことって楽《たの》しいはずだよ。勉強《べんきょう》は、自分《じぶん》のためにやることだよ。世《よ》の中《なか》のいろいろなことを知《し》って、おとなになって自分《じぶん》のゆめをかなえるためにも、ぜったいひつようだ。どちらも自分《じぶん》のためになることなんだよ。

おうちのかたへ

宿題がたくさん出たり、手伝いをあれこれ言いつけられると、子どもはつい「面倒なことをやらされる」とか「押しつけられている」と感じがちです。やらされているのでなく、「いい子」になるためにやるのでもなく、結局は自分自身のためにやることなのだと教え、手伝いの際には「ありがとう」をきちんと言ってあげましょう。子どもが面倒なことや苦手なことを「きらい」と排除してしまわないよう気をつけてあげたいです。

勇気《ゆうき》をもつって、どういうこと？

自分《じぶん》にまけないこと。
自分《じぶん》の弱《よわ》さも、
強《つよ》さも知《し》ることだよ

自分に打ち克つことは、
他の人々に勝つことよりすぐれている。
《ダンマパダ１０４より》

弱《よわ》いこころにまけない

勇気《ゆうき》というのは、こわいあいてや強《つよ》いてきに向《む》かっていく、いさましい気《き》もちをさすことが多《おお》いよね。でも、それだけじゃないんだ。

ものごとをおそれずに、強《つよ》いこころで立《た》ち向《む》かっていくことを、ぜんぶ勇気《ゆうき》というのです。自分《じぶん》にはできないとか、やってもまけてしまうとか、さいしょから決《き》めつけずに、「やってみる！」「チャレンジする！」という気《き》もちをもつことが勇気《ゆうき》なのです。男《おとこ》の子《こ》も女《おんな》の子《こ》もいっしょだよ。

勇気《ゆうき》をもつには、自分《じぶん》の弱《よわ》いこころにまけないことです。ブッダも、「自分《じぶん》に勝《か》つことは、おおぜいのてきに勝《か》つことよりすばらしいことだ」と言《い》っています。勇気《ゆうき》を出《だ》せたら、そのぶんきみは強《つよ》くなるはずだよ。

おうちのかたへ

スポーツや習いごとなどで、今までできなかった一つ上のレベルにチャレンジすることも勇気だと教えましょう。自分にはむりだとか、できないと決めつけてしまう弱気を乗り越え、自分に勝ったとき、子どもも成長を実感できるはずです。ブッダは「戦場で百万人の敵に勝つよりも、ただ一つの自己に勝つ者こそ最上の勝利者である」《ダンマパダ103》と言っています。

「しあわせ」って どういう気《き》もち？

こころがおだやかで、
自分《じぶん》もまわりも、
いつもニコニコして
いられること

尊敬と謙遜と満足と感謝、そしてときどき教えを聞くこと。これがこよなき幸せである。

《スッタニパータ265より》

しあわせはどこにある？

人《ひと》はみんな、しあわせになりたいと思《おも》っています。むかしブッダも、おおぜいの人《ひと》から、「しあわせとはどういうものですか」としつもんされました。ブッダは、しつもんしてきた人《ひと》それぞれに、ちがう答《こた》えを話《はな》しました。それは、しあわせと感《かん》じることは、人《ひと》それぞれでちがうからなのです。

そして、自分《じぶん》がしあわせであることに、気《き》がついていない人《ひと》も多《おお》いのです。本当《ほんとう》は、あらそいがなく、こころがおだやかで楽《たの》しく、自分《じぶん》もまわりもいつもニコニコしていられるなら、人《ひと》はしあわせなのです。それなのに、「ほかにしあわせがあるはずだ」と思《おも》いこんで、ものやお金《かね》をほしがったり、他人《たにん》とのあらそいをはじめてしまうから、しあわせがにげていってしまうのです。

おうちのかたへ

心がおだやかでいられるということは、周囲にやさしさや愛があるということです。家庭では、つい子どもへの小言やお説教も多くなりがちですが、ゆっくりと子どもに向き合う時間をなくさないようにしましょう。親のストレスを子どもに向けてしまうのも禁物です。ブッダは、怒りやむさぼり（尽きない欲望）を捨て、世のことわり（無常、無我）を知ることが心安らかに幸せに生きる道だと教えています。

どうしたら、やさしい人《ひと》になれるの？

あいての気《き》もちを「思《おも》いやる」ことをわすれずにいてごらん

世界に対して、無量の慈しみの心を向けなさい。上に下に横に、怨みや敵意を抱くことなく。《スッタニパータ150より》

やさしさは思《おも》いやり

やさしさというのは、人《ひと》にとっていちばん大切《たいせつ》なことです。やさしい人《ひと》といっしょにいると、おだやかな気《き》もちになってホッとします。やさしい人《ひと》はこころがあったかくて思《おも》いやりがあるから、まわりの人《ひと》も安心《あんしん》するんだね。

思《おも》いやりというのは、その人《ひと》の身《み》になって考《かんが》えること。いまどんな気《き》もちでいるのかな、こんなことを言《い》ったらどう感《かん》じるかなと、自分《じぶん》がその人《ひと》になったつもりでそうぞうすることです。「自分《じぶん》がこんなことされたらイヤだな」とか、「さびしそうだから、なぐさめてあげよう」と考《かんが》えることも、思《おも》いやりです。世界中《せかいじゅう》の人《ひと》が、思《おも》いやりのあるやさしい人《ひと》になったら、世《よ》の中《なか》は平和《へいわ》で、みんながしあわせになるはずだよ。

おうちのかたへ

自己中心の考え方をやめ、人の気持ちを思いやることが「やさしさ」の根本で、いちばん大切なことだと教えたいです。小さな子の面倒を見たり、小動物や草花などいのちあるものを大事にすることもやさしさだと理解させましょう。やさしさ・慈しみはどんな人にも、どんな生きものにも分けへだてなく注ぐべきで、それをやめてはいけないとブッダは教えています。

ブッダさんのおしえ

ブッダさんって、どんな人《ひと》？

みんなのこころの「なぜ？」に答《こた》えてくれるブッダさんは、いまからおよそ２５００年前《ねんまえ》に、インドの北《きた》の地方《ちほう》にあった小《ちい》さな国《くに》の王子《おうじ》として生《う》まれました。

本当《ほんとう》の名《な》まえをゴータマ・シッダルタといい、「おしゃかさま」や、「ほとけさま」とよばれることもあります。

ブッダさんは、「仏教《ぶっきょう》」という教《おし》えをさいしょに広《ひろ》めた人《ひと》で、この教《おし》えは、インドから中国《ちゅうごく》にわたり、中国《ちゅうごく》から日本《にほん》へと伝《つた》わってきました。いまから１５００年近《ねんちか》く前《まえ》のことです。

仏教《ぶっきょう》は、むずかしい教《おし》えではありません。たくさんの人《ひと》びとが、くるしんだり、かなしんだりしながら、つらい毎日《まいにち》をおくっているので、「どうしたら、このくるしみから人《ひと》びとを助《たす》けることができるだろうか？」と、ブッダさんが考《かんが》えぬいて、ようやく見《み》つけだした教《おし》えなのです。

それは、人《ひと》がくるしい思《おも》いをしないで、いつもこころがやさしくおちついていられる方法《ほうほう》で、正《ただ》しい生《い》き方《かた》のめやすになる教《おし》えなのです。だからブッダさんは、いまでも、わたしたちみんなの先生《せんせい》なんですね。

第二章

身《み》のまわりのなぜ

夕日《ゆうひ》を見《み》るとときどきさびしくなるのはなぜ？

今日《きょう》という日《ひ》も、
いまこのしゅんかんも、
もうかえってこないから
かもしれないね

つくりだされたすべてのものは無常であると、智慧《ちえ》をもって見るとき、人は苦しみから遠ざかり離れる。《ダンマパダ277より》

同《おな》じ日《ひ》はもうこない

夕日《ゆうひ》を見《み》て、ちょっぴりかなしいような、さびしいような、ふしぎな気分《きぶん》になることがあるね。そういう気《き》もちを「せつない」というんだけれど、大《おお》むかしの人《ひと》たちも、夕日《ゆうひ》を見《み》てそんなふうに感《かん》じていたみたいだよ。

すごく楽《たの》しかった日《ひ》や、とても感動《かんどう》したことがあった日《ひ》は、よけいにさびしく感《かん》じたりする。それは、今日《きょう》という日《ひ》は、二度《にど》とくりかえさないことを、人《ひと》はみんな知《し》っているからなんだ。目《め》をまばたきする、すごくみじかいあいだのことを「しゅんかん」というけれど、いまこのしゅんかんしゅんかんも二度《にど》とかえってこない。時間《じかん》はいつも前《まえ》に前《まえ》にすすんでいるので、同《おな》じ日《ひ》はもうこないし、すぎた時間《じかん》をとりもどすことはできないんだよ。

おうちのかたへ

美しい夕日に、なんとなくさみしさを感じてしまう感性は子どもにもあります。暗くなってもう外で遊べないさみしさや、今日という一日が終わってしまう物悲しさもあるでしょう。同じ日は二度と来ないこと、時間は止まることなく流れ、後戻りできないことを教え、一日を大事に過ごすよう伝えましょう。すべてのものは同じ姿にとどまることなく、うつろっていくという「無常」についても、機会を見て話してあげてください。

おとなは、なぜいつも「いそがしい」って言《い》うの？

やらなくちゃいけないことがいっぱいある気《き》がして、こころがギュウギュウおされたような気《き》もちになるからだね

心は揺れ動き、ざわめき、守りがたく御しがたい。英知ある人はこれをまっすぐにする。《ダンマパダ33より》

ほんとにいそがしいのかな

「いそがしい」というのは、仕事《しごと》や用事《ようじ》がたくさんあって、時間《じかん》がたりなくてたいへんなときのこと。そんなとき、おとなの人《ひと》のこころは、まわりからギュウギュウおされたようになって小《ちい》さくなってしまう。これを「ストレス」ともいうよ。仕事《しごと》いがいでも、考《かんが》えなくちゃいけないことがたくさんあると、ストレスがどんどんふえて、おとなはすぐ「いそがしい」と言《い》うんだ。

いそがしいおとなは、なんだかおちつきがありません。きみがあそびにさそったり、話《はな》したいことがあっても、「いそがしい」を言《い》いわけにして、あいてをしてくれないことがあるかもしれないね。本当《ほんとう》に時間《じかん》がないのかどうかはわかりません。子《こ》どもには、ちょっとめいわくなことばだよね。

おうちのかたへ

「いま忙しいからだめ」というのが、口癖のようになっていませんか。子どもはこれを言われると反発しづらく、相談したいことがあってもあきらめてしまうことがあります。子どももとしっかり向き合って話したり遊んだりできる時間は、成長につれてどんどん少なくなっていきます。「忙」の字は「心を亡くすと書く」といいますが、そうならないように大人こそ時間管理をして、「忙しい」という言い訳を減らすようにしたいものです。

なぜ時間《じかん》は早《はや》くすぎるときと、ゆっくりすぎるときがあるの？

こころが小《ちい》さく
せまくなっているときと、
おちついてゆったりしている
ときの、ちがいだよ

心はとらえがたく、軽々とざわめき、欲するがままにおもむく。心をおさめるのはよいことだ。

《ダンマパダ35より》

時間《じかん》もこころでかわる

ものごとは、その人《ひと》のこころのもちかたで、見《み》えかたや感《かん》じかたがかわってくる、とブッダは言《い》っています。こころにおちつきがなく、小《ち》さくせまくなっていると、時間《じかん》は早《はや》くすぎていくように感《かん》じます。ひとつ前《まえ》の話《はなし》（42ページ）でせつめいしたように、「いそがしい」ときは、こころがギュウギュウおされて小《ち》さくなっているから、ますます時間《じかん》がたりないように感《かん》じるのです。

でも、ものすごく楽《たの》しいことをしているときも、ほかのことに気《き》づかないくらい集中《しゅうちゅう》しているから、時間《じかん》は早《はや》くすぎていくように感《かん》じるよ。

ゆっくりすぎていくように感《かん》じるのは、こころがゆったりとおちついているとき。ときどき、しずかにすわって、こころをおちつかせてみるといいよ。

おうちのかたへ

習いごとや塾などで毎日が忙しい子どもたちも増えています。家でもゲームやテレビにばかり時間をとられると、ますます家族の会話や心のふれあいが減ってしまいます。小学生のうちはなるべく親が主導して時間の管理をしてあげましょう。子どもはじっとしているのは苦手ですが、1日のうち10分でもいいので、テレビなどの雑音を遮断して、心を静かに落ち着かせる時間を持たせたいものです。「坐禅」風の瞑想もおすすめです。

やくそくを守《まも》らないと、わるい人《ひと》になるの？

わるい人《ひと》の「入《い》り口《ぐち》」に立《た》つことになるかもしれない。守《まも》れないやくそくは、しないことだね

人を悩ましあざむいて、恥じ入る心がない人は、いやしい人であると知れ。
《スッタニパータ133より》

やくそくはかならず守《まも》ろう

ブッダは、うそをつくことや人《ひと》をだますことは、ぜったいにしてはいけないと人《ひと》びとに教《おし》えました。こころがよごれ、くるしみがずっとつづいて、けっしてしあわせになれないからです。

やくそくを守《まも》らないのも、うそをついたり、人《ひと》をだますこととといっしょだよね。やくそくをやぶられたあいては、きみにうらぎられたと思《おも》い、きみのことを「わるい人《ひと》」と思《おも》うようになるでしょう。きみはもう、「わるい人《ひと》の入《い》り口《ぐち》」に立《た》たされることになります。人《ひと》とのやくそくは、かるい気《き》もちでしてはいけないのです。よく考《かんが》えて、守《まも》れないかもしれないやくそくは、しないこと。やくそくをしたら、ぜったいに守《まも》ることです。

おうちのかたへ

約束を守らない子は友だちの信用をなくしてしまいます。軽い気持ちで約束したことが、急な事情で守れなくなることもありますが、そんなときは、できるだけ早く相手に事情を話してあやまらせることです。友だち付き合いでも、相手をがっかりさせたり不愉快な思いをさせないことが大事だと教えましょう。もしまた約束を破ったら、「入り口」から落ちて完全にわるい人の仲間入りをしてしまうという警告も、ときには有効です。

「もっとがんばって」と言《い》われるけど、どうすればいいの？

自分《じぶん》がいまできることを
いっしょうけんめい
やってみることだよ

自分の救済者は自分自身である。
他の誰が救ってくれるだろうか。
《ダンマパダ160より》

きみはもっとできるから

自分《じぶん》ではがんばっているつもりなのに、「もっとがんばって」と言《い》われると、あとどうすればいいか、わからないかもしれないね。でもそう言《い》われるのは、きっと、きみがもっとできる力《ちから》をもっているからなのです。

まわりの人《ひと》には、きみが１００の力《ちから》をもっているのに、70とか80くらいの力《ちから》しか出《だ》していないように見《み》えるのかもしれないよ。だから「もっとがんばって」というのは、「ほんとはもっとできるよ」というおうえんの声《こえ》なんだ。

それがわかったら、あとは自分《じぶん》で、いまできることを１００に近《ちか》づくようにいっしょうけんめいやること。できないことを、むりにやろうとするひつようはないよ。がんばるのも自分《じぶん》、自分《じぶん》をたすけるのも自分《じぶん》だからね。

おうちのかたへ

スポーツの試合や習いごとの発表など、本番でなかなか自分の力を出せない子どもは多いですね。緊張や集中力不足など、精神的な弱さが多くの原因でしょう。ブッダは、「自分の救済者は自分自身である。自己をよくととのえてこそ、人は得難い救済者を得る」と言っています。心をととのえ、落ち着かせることで本来の力を出せるようになり、自分を助けることにもなるのです。

なぜ、勉強《べんきょう》をしなくちゃならないの？

「正《ただ》しいこと」を知《し》るのは、しあわせに生《い》きるためのきほんだよ

うそを真実とみなし、真実をうそとみなす人は、あやまった心にとらわれて、ついに真理に達しない。《ダンマパダ11より》

しっかり生《い》きていくために

勉強《べんきょう》は、きみがこれから、ひとりの人間《にんげん》として楽《たの》しくしっかり生《い》きていくためのに、ぜったいひつようなことなんだ。

勉強《べんきょう》して、きみがいるこの世界《せかい》のことを、少《すこ》しでも正《ただ》しく知《し》っておくと、こまったときや、なやんだとき、まちがったはんだんをしないですむようになる。自分《じぶん》がどっちへすすもうか、何《なに》をえらぼうかというとき、自分《じぶん》で考《かんが》えて決《き》められるようになっていく。親《おや》やほかの人《ひと》にたよらずに、自分《じぶん》の力《ちから》で生《い》きていくこともできるようになるんだ。勉強《べんきょう》は学校《がっこう》だけでするわけじゃないよ。家《いえ》でも外《そと》でも、きみが見《み》たり聞《き》いたりすることはぜんぶ勉強《べんきょう》だ。勉強《べんきょう》は、これからしあわせに生《い》きていくために、いちばん大事《だいじ》なことなんだ。

おうちのかたへ

学年が上がるにつれて授業の内容は濃くなり、勉強も大変になりますが、勉強はテストの成績のためにやるのではなく、正しい知識を身につけ、考える力をつけることが大人になるためには重要なことをしっかり伝えたいです。ブッダは、「真実は一つであり、二つはない。真実を一つと理解する人は人と争うことがない」と言っています。人生を楽しく豊かに平和にするためにも勉強は大事で、親もいまだ勉強中であることを伝えましょう。

なぜ「もくひょうを立《た》てよう」って言《い》うの？

めざす場所《ばしょ》がはっきりしていれば、とちゅうでまようことも少《すく》なくなるよ

目的を捨てて楽しみにばかり向かう人は、やがて正しい道を歩む人をうらやむようになる。《ダンマパダ209より》

こころがウロウロしないように

もくひょうを立《た》てて、それをじっこうできたときって、気《き》もちがいいよね。

もくひょうというのは、何《なに》かをやりとげるための目《め》じるしのこと。たとえば山《やま》のぼりをするとき、ただ「ちょうじょうをめざせ」と言《い》うより、とちゅうに目《め》じるしとなるもくひょうがあって、「あそこに向《む》かってのぼろう」と言《い》うほうが、のぼりやすいよね。めざす場所《ばしょ》がはっきりしていると、とちゅうで道《みち》にまよったり、よけいなことで道草《みちくさ》を食《く》ったりしなくてすむんだ。ふだんの生活《せいかつ》でも、もくひょうを立《た》てると、こころがウロウロしなくてすむよ。

もくひょうがないと、ついあそんだりより道《みち》してしまうし、あとで、もくひょうに向《む》かってまっすぐ歩《ある》いてきた人《ひと》をうらやましく思《おも》うことになるよ。

おうちのかたへ

ブッダは「目的を忘れて楽しいことにばかり心を奪われると、正しい道を歩んできた人をうらやむことになる」と言っています。やりとげたい目的があって、それを目指すための目印となるものが目標です。たとえば「水泳を得意に！」という目的があれば、「クロールで50ｍ」という目標を立てると、子どもの目指す方向がはっきりしてやる気も増します。目標は実現可能な範囲から始めて、少しずつステップアップさせていきましょう。

じゃま【邪魔】

「じゃましないで」とか、「じゃま、じゃま、どいて」というように、いやなものや、よけいなものをおいはらうときに使《つか》いますね。じゃ（邪）というのは正《ただ》しくないもののこと。ま（魔）というのは、「あくま（悪魔）」や「まもの（魔物）」のようにわるさをするもののこと。

これはブッダが、ぼだいじゅという木《き》の下《した》でしゅ行《ぎょう》をしていたときに、ブッダのこころをくじけさせようとやってきた「あくま」をさすことばでした。「じゃま」がおそってきて、ブッダはなんどもくじけそうになりましたが、ゆうわくに負《ま》けなかったので、真理《しんり》（本当《ほんとう》に正《ただ》しいこと）に目《め》ざめることができたのです。

修行中のブッダに襲いかかった「邪魔」はさまざまな欲望や快楽への誘惑でした。

めいわく【迷惑】

「人《ひと》にめいわくをかけてはだめだよ」と、お父《とう》さんやお母《かあ》さんに言《い》われることないかな？　めいわくというのは、人《ひと》にいやな思《おも》いをさせたり、こまらせたりしてしまうこと。でも、もとの仏教《ぶっきょう》のことばでは、こころがまよい、とまどうことを意味《いみ》していました。ほとけさまの教《おし》えがわからなくなったり、ぎもんをもってしまい、ウロウロとこころがまよっていることをさすことばなのです。

他人《たにん》にめいわくをかけてはいけないけれど、仏教《ぶっきょう》を学《まな》ぶ人《ひと》にとって、「めいわく」というまよいのじょうたいになることは、大事《だいじ》なことを本当《ほんとう》に知《し》るためにはひつようなことだ、という考《かんが》え方《かた》もあるんですよ。

仏教の世界では、修行者は一度は「迷惑」という迷いの状態に入らないと真のさとりを得られないといいます。

うちのイヌが
死《し》んじゃった。
かなしい気《き》もちは
いつなくなるの？

かなしみが、いつまでも
つづくことはないよ。
時《じ》間《かん》がすぎていくと、
こころもかわっていく

つくりだされたすべてのものは無常であると、智慧《ちえ》をもって見るとき、人は苦しみから遠ざかり離れる。《ダンマパダ277より》

こころもうつりかわる

かっていたイヌやネコが死《し》んじゃったとき、かなしくてしかたがないよね。いっぱいないても、まだかなしさがきえない。いつまでこのかなしみがつづくんだろうって、つらい気《き》もちになるよね。

でも、きみのこころはずっと同《おな》じところにとまってはいません。こころも体《からだ》も、毎日《まいにち》少《すこ》しずつかわっています。楽《たの》しいことや、おもしろいできごとがあると、少《すこ》しずつ、かなしい気《き》もちがうすれていくのがわかると思《おも》うよ。時間《じかん》がすぎていくだけで、こころはいろいろなへんかをするんだ。

この世《よ》につくりだされたすべてのものは、みなうつろっていく。これを「むじょう（無常）」というんだけれど、こころも同《おな》じなんだね。

おうちのかたへ

仏教の世界観の根本にあるのが、すべてのものは同じ姿にとどまることなくうつろっていくという「無常」です。これは物質だけでなく、自然や肉体や人の心についても同じなのです。愛するものを失った悲しさに、ずっと心がとどまっていることはなく、時間の経過とともに心は変化し、悲しみはやわらいでいきます。ブッダは、「無常を理解することで人は苦しみから離れる。これこそ人が清浄にいたる道である」と言っています。

なぜ、ごはんの前《まえ》にかならず「いただきます」を言《い》うの？

たくさんの「ありがとう」をあつめたことばが「いただきます」なんだよ

他の人々からもたらされた食べものに感謝しない人は、昼も夜も心の安らぎを得ない。
《ダンマパダ２４９より》

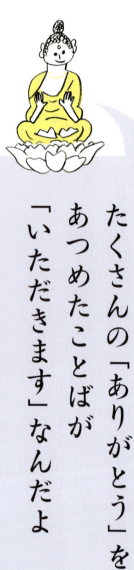

ごはんへのかんしゃのことば

やさいやお米《こめ》、肉《にく》や魚《さかな》など、きみが毎日《まいにち》食《た》べているごはんは、いろいろな場《ば》所《しょ》で、いろいろな人《ひと》たちがはたらいて作《つく》ったものなんだ。勝手《かって》にきみの家《いえ》のれいぞうこに入《はい》ったものじゃないんだよ。

やさいやお米《こめ》だけでも、おおぜいの人《ひと》が、なんか月《げつ》もかけてそだてたものだ。それを町《まち》へはこぶ人《ひと》、お店《みせ》へ出《だ》す人《ひと》、りょうりしてくれる人《ひと》など、数《かぞ》えきれないくらいの人《ひと》たちの手《て》をつたわって、やっときみの前《まえ》のテーブルに出《だ》されるんだね。多《おお》くの生《い》きもののいのちと、おおぜいの人《ひと》の仕事《しごと》のおかげで食事《しょくじ》ができる。たくさんの「ありがとう」を言《い》わなきゃいけないよね。そう考《かん》えたら、しぜんに「いただきます」というかんしゃのことばが出《で》てくるはずだよ。

おうちのかたへ

「いただきます」の「いただく」とは、食べることを丁寧にした言い方で、自然の恵みや食材にかかわる多くの人への感謝がこめられたことばです。これは、万物の恵みとさまざまなご縁に感謝する仏教的精神を表したことばでもあります。「いただきます」の精神を子どもにきちんと理解させると、食べものを粗末にあつかわないことや、好き嫌いをなくして食べ残しをへらすことも意識してくれるようになるでしょう。

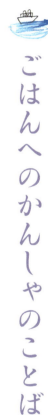

なぜ、きらいな食《た》べものも食《た》べなくちゃいけないの？

こころと体《からだ》を、
きれいに強《つよ》くそだてるには、
いろいろな食《た》べものが
ひつようだよ

健康は最上の利得であり、
満足は最上の宝である。
《ダンマパダ204より》

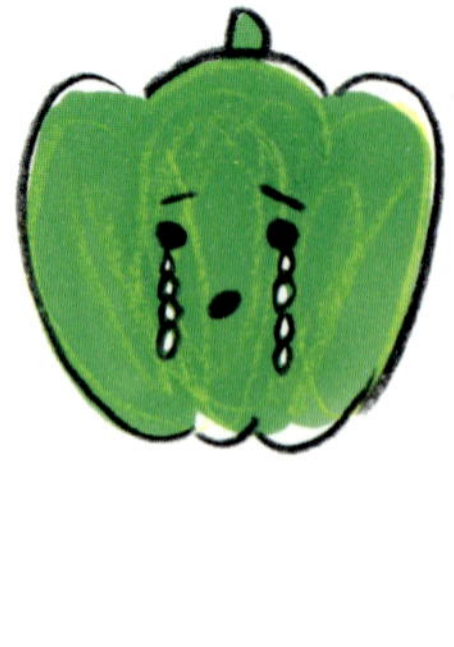

すききらいをなくして

きみはまだこころも体《からだ》も子《こ》どもで、せいちょうのとちゅうです。だから、食《しょく》事《じ》をちゃんととるのは、とても大切《たいせつ》なことです。まず、体《からだ》をじょうぶに強《つよ》くそだてるには、いろいろな食《た》べものを、まんべんなく食《た》べることが大事《だいじ》です。すきなものだけを食《た》べていると、えいようがかたよって、背《せ》がのびなかったり、おとなになってから、病《びょう》気《き》になりやすくなるかもしれません。

こころにも、いろいろな食《た》べものがひつようです。いろいろなりょうりを見《み》て、「おいしそう」と感《かん》じたり、おなかいっぱいおいしいものを味《あじ》わって、まんぞくすることは、こころのえいようになります。じょうぶできれいなこころと体《からだ》をつくるには、すききらいをなくすのがいちばんだよ。

おうち のかたへ

子どもの偏食は親の悩みのタネですね。きらいなものを無理に食べさせるのはむずかしく、苦手なものを目立たなくする調理の工夫もある程度必要でしょう。料理を五感で味わい、おいしく感じて満足することは、精神衛生上も非常に大事なことです。好き嫌いを減らすことで、心も体も健康に成長できることを上手に伝えたいです。食事以外に、スナック菓子類やジャンクな食べものを与え過ぎていないかもご注意を。

なぜ、ひろったものは、自分《じぶん》のものにしちゃいけないの？

なくして
こまっている人《ひと》の
気《き》もちを
考《かんが》えてごらん

他人のものを、与えられないのに、盗み心をもって取る人を、いやしい人であると知れ。

《スッタニパータ119より》

もともとはだれかのもの

ものをひろうということは、だれかが、そこにものをわすれていったか、おとしてしまったということだよね。つまり、きみがひろったものは、もともとはだれかのもちものだったんだ。

それは、なくした人《ひと》がとても大事《だいじ》にしていたものかもしれない。なくしてしまって、かなしい思《おも》いをしていたり、とてもこまっているかもしれないよね。そんなふうに、なくした人《ひと》の気《き》もちを考《かんが》えたら、きみがもってかえって、自分《じぶん》のものにするのはよくないってわかるよね。ブッダは、人《ひと》のものをかってに自分《じぶん》のものにするのは、ものをぬすんだり、うばうことと同《おな》じで、こころをよごす、とてもわるいおこないだと教《おし》えているよ。

おうちのかたへ

物を拾ったら、すぐ交番へ届けるか、むりなら必ず親に報告して預けるように決めておきましょう。忘れ物や落とし物を自分のものにしてしまうのは、いわゆるネコババで悪い行いです（犯罪にもなりかねません）。「黙っていればバレない」とか「バレなければいいや」というあやまった考えを持たせないためにも、他人のものを勝手に自分のものにしてはいけないことをよく教えましょう。

ブッダさんのおしえ

ずっと同《おな》じじゃない

ブッダさんは、「世《よ》の中《なか》にあるものは、ずっと同《おな》じすがたではいられない」と言《い》っているよ。

どういうことかというと、形《かたち》のあるものも、形《かたち》のないものも、いろいろな理由《りゆう》で少《すこ》しずつかわっていく。だから、えいえんに同《おな》じすがたのままでいられるものはない、というんだ。

これを「むじょう（無常）」ともいうよ。

たとえば草花《くさばな》も、きょう見《み》たきれいな花《はな》が、ずっとさいているわけではないよね。コップの水《みず》も、そのままにしておくと、じょうはつして水《みず》がへっていくし、レンジにかけたらアツいおゆになるし、れいとうこでひやしたらカチカチの氷《こおり》になるよね。

さまざまな理由《りゆう》がかさなって、ものはかわっていく。

それは、きみのこころや体《からだ》もそうなんだ。

ものすごく楽《たの》しいことがあっても、その楽《たの》しさはずっとつづくわけではないよ。ぎゃくに、とてもかなしいことがあっても、そのかなしさが、ずっとつづくわけではないんだ。

ずっと同《おな》じじゃないから、生《い》きていくっておもしろいんだね。

第二章

かぞくと友《とも》だちのなぜ

なぜ、お父《とう》さんとお母《かあ》さんはときどきけんかするの？

おとなも、わがままを言《い》ったり、おこってみたくなるときがあるからね

夫は五つの仕方で妻に奉仕せよ。尊敬する。軽蔑しない。道を踏み外さない。権威を与える。装飾品を提供する。

《シンガーラへの教え30より》

おとなもたまにワーッとなる

きみのお父《とう》さんとお母《かあ》さんは、ふだんはなかがいいはずだよね。そうでなければ、ときどきじゃなくて、しょっちゅうけんかしているはずだものね。

おとなは、ふだんは子《こ》どものようにはしゃいだり、こうふんしてワーッとさわいだりはしません。でもときどき、こころのコントロールがうまくできないときがあります。わがままを言《い》ったり、おこって大《おお》きな声《こえ》を出《だ》してしまうのはそういうときで、そこからけんかになってしまうことがあります。ためしに、お母《かあ》さんに「そうなの？」ときいてみるといいですよ。

おとなどうしが生活《せいかつ》していると、たまには言《い》い合《あ》いをしたり、けんかになるのがふつうです。すぐまたなかよくなるなら、しんぱいはいらないよ。

おうちのかたへ

子どもは夫婦げんかに敏感です。度が過ぎる言い合いや、カーッと血が昇った本気のけんかは子どもの前では絶対に避けたいです。親が理性のないふるまいを見せてしまうと、子どもはがっかりし、たびたびだと不仲を心配します。ブッダはよい夫婦関係を作るコツも教えています。夫は妻を尊敬し軽蔑しないこと、妻は家事をよくこなし親族と上手に接することなどをあげ、夫婦とも「道を踏み外さないこと」と戒めています。

なぜ、あいさつをちゃんとしないとお母《かあ》さんはおこるの？

きみがいつも、あかるく元気《げんき》でいてほしいからだよ

年長者への礼儀を守り敬う人は、四つのことが増大する。寿命、美しさ、楽しさ、力である。

《ダンマパダ109より》

あいさつでみんな安心《あんしん》

「おはようございます」や「こんにちは」「さようなら」、「いってきます」「ただいま」のあいさつを、いつも元気《げんき》な声《こえ》で言《い》っているかな？

あいさつは、その日《ひ》の自分《じぶん》を「ここにいます、きょうも元気《げんき》です！」とみんなに知《し》らせるやくめもあるんだ。だから、小《ちい》さな声《こえ》でボソボソとあいさつをしてはだめ。みんなに聞《き》こえるように、はっきりした声《こえ》で言《い》わないといみがないから、お母《かあ》さんがちゅういするんだね。それに、「いってきます」「ただいま」のあいさつは、きみがいつ出《で》かけて、いつかえってきたか、声《こえ》でわかってお母《かあ》さんは安心《あんしん》するんだ。聞《き》こえないような小《ちい》さな声《こえ》では、いつ出《で》かけたのかもわからないので、おうちの人《ひと》はしんぱいしてしまうよね。

おうちのかたへ

あいさつは言えばいいというものではなく、みんなが気持ちよく一日を過ごすためにも、明るく元気な声で交わすことが大切です。高学年になる頃には、日常のあいさつだけでなく、目上の人に会うとき、きちんとあいさつや自己紹介ができるようにしたいです。これは親の世代もおろそかにできませんね。ブッダは、「常に年長者への礼儀が守れる人は、寿命、美しさ、楽しさ、力が増大する」と言っています。

「みんなとなかよく」っていうけど、きらいな子《こ》とはどうするの？

きらいだと思《おも》っている子《こ》に近《ちか》づいて、自分《じぶん》とにているところをさがしてごらん

悪しきことばをさけて、好ましいことばのみを語れ。それは人に喜び迎えられる。《スッタニパータ452より》

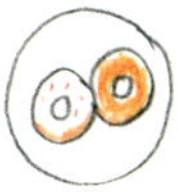

きみから近《ちか》づいてみる

きらいな子《こ》となかよくするのは、いやだなあとか、気《き》がすすまないって思《おも》うかもしれないね。でも、その子《こ》とちゃんと話《はな》したことはあるかな？　あいてのことをよく知《し》らないまま、きらいとか、にがてと決《き》めつけていないかな。

さいしょはなかよくできなくてもいいから、その子《こ》に近《ちか》づいて、いろいろ話《はな》しかけてみてごらん。アニメのこととか、読《よ》んだ本《ほん》のこと、おうちはどことか、知《し》っている友《とも》だちのこととか、なんでもいいんだ。話《はなし》が合《あ》わなくても、はいているスニーカーが同《おな》じだったり、通《かよ》ったようちえんが同《おな》じだったりするかもしれない。自分《じぶん》とにているところがあると、ちょっと親《した》しみがわいてくるよ。まずは、きみから近《ちか》づいてみることだよ。

おうちのかたへ

誰とでも仲よくするというのは実際にはむずかしいことです。しかし、心を開いて自分から近づいていくと、相手も少しずつ心を開いてくれ、意外な共通点がわかったりします。共通点が多いとか好みが似ているというのは、親しくなるよいきっかけになります。どうしてもきらいで苦手な相手がいても、きらいという態度を見せないで、ほかの友だちと同じ態度で接するようすすめてみましょう。

かぞくみんなで出《で》かけると、どうして楽《たの》しいの？

かぞくはずっといっしょで、こころがふかくつながっているから

母を敬うことは楽しい。父を敬うことは楽しい。
信頼は最高の親族である。
《ダンマパダ204、332より》

ずっといっしょだから

かぞくというのは、きみが生《う》まれてから、ずっといっしょにくらしています。きみがいままで、いちばん長《なが》い時間《じかん》をいっしょにすごしてきたのが、かぞくなのです。七五三《しちごさん》や入学式《にゅうがくしき》、おまつりや花火大会《はなびたいかい》、たんじょうパーティーや、ゆうえんちであそんだことなど、たくさんの思《おも》い出《で》をいっしょにつくってきたはずです。だれかがケガをしたり病気《びょうき》になって、みんなでしんぱいしたこともあるでしょう。

だから、お父《とう》さんとお母《かあ》さんときみ、きょうだいがいればきょうだいも、みんなふかくこころがつながっています。きみのことを、いちばんわかってくれているかぞくといっしょだから、お出《で》かけも楽《たの》しいんだよね。

おうちのかたへ

お互いのことをいちばん理解し合っているのが家族でしょう。これまで過ごしてきた時間やさまざまな出来事の中に、家族だけで共有する記憶が刻まれています。そして心が深くつながることで家族の「絆」が生まれます。これは家族でこそ生じる信頼関係で、子どもにとっては家族こそよりどころなのです。ブッダは、父母を敬い共に暮らすのは楽しいことだとして、信頼こそ最高の親族だと言っています。

だいじょうぶ【大丈夫】

このことばには、人《ひと》を安心《あんしん》させるひびきがあります。ケガや病気《びょうき》をしたとき、お医者《いしゃ》さんに、「もうだいじょうぶだよ」と言《い》われたら、ホッとしますよね。

あぶないようすがなく、安心《あんしん》できることや、強《つよ》くてしっかりしているようすを「だいじょうぶ」といいますが、もとは、すがたがりっぱで、たよりになる男《おとこ》の人《ひと》をさすことばでした。

これが仏教《ぶっきょう》にもとり入《い》れられて、おぼうさんの中《なか》でも、たよりがいのある、すぐれたおぼうさんを「大丈夫《だいじょうぶ》」とよんだのです。「おきょう」という古《ふる》い書物《しょもつ》にも出《で》てきます。そんなおぼうさんがいれば安心《あんしん》ですから、いまのような使《つか》い方《かた》をするようになったんですね。

大丈夫はもとは、ますらお（雄々しく立派な男性）をほめる言葉で、
仏教では師や高僧への尊称として使うこともあります。

うちょうてん 【有頂天】

「みんなの前《まえ》でほめられて、うちょうてんになった」というように使《つか》いますね。「とくいのぜっちょうにいる」ということばとほぼ同《おな》じで、こんなときは、気《き》もちが高《たか》いところにまい上《あ》がっているのがわかります。

では「うちょうてん」とはどこにあるのでしょう？ 仏教《ぶっきょう》では、死《し》んだあとに行《い》くまよいの世界《せかい》を六《むっ》つにわけた「六《りく》道《どう》」のうち、いちばん高《たか》いところを「天《てん》」といいます。天《てん》の世界《せかい》でもいちばん上《うえ》のてっぺんは、さいこうの気《き》もちになる場所《ばしょ》らしいのです。ここを「有頂《うちょう》天《てん》」というのです。こんなところまで気《き》もちがまい上《あ》がっているのですから、すこし、おちついたほうがよさそうですね。

六道とはいのちあるものが生死をくり返す迷いの世界で、
「地獄道・餓鬼道・畜生道・修羅道・人間道・天道」をさします。

おばあちゃんは、なぜいつもやさしいの？

自分《じぶん》の子《こ》にできた子《こ》どもだから、ずっと守《まも》ってあげたいんだ

堅固で知恵があり、学ぶところが多く、忍耐強く、戒めを守る。そのような善き人と親しみなさい。《ダンマパダ208より》

大《おお》きなやさしさでつつんで

おばあちゃんやおじいちゃんというのは、お母《かあ》さんやお父《とう》さんの親《おや》だね。おばあちゃんから見《み》ると、きみは、自分《じぶん》がかわいがってそだてた子《こ》の、その子《こ》ども、つまり「まご」だ。「まご」にたいして、おばあちゃんというのは、とってもやさしいのがふつうなんだ。「まご」には宿題《しゅくだい》をさせたり、学校《がっこう》の決《き》まりを守《まも》らせたり、しかったりしなくていいから、おばあちゃんも気《き》もちがラクなのかもしれない。きみをかわいがって、やさしさでつつんで、ずっと守《まも》ってあげようと思《おも》ってくれている。だから、かんしゃしなくちゃね。

おばあちゃんは、いろんなことを知《し》っているし、いつもしずかでおちついている。そういう人《ひと》からは、学《まな》ぶことが多《おお》いとブッダも言《い》っているよ。

おうちのかたへ

高齢者の中には、仏教でいう解脱《げだつ》されたような雰囲気の方もいます。解脱とは、悩みや迷いなど煩悩《ぼんのう》から解き放たれ、自由の境地に達すること。いわばさとりの境地にいるということ。そうした方は、些細なことに動じず、孫には寛容で、無限のやさしさで包んでくれます。「そのような善き人と親しみなさい」とブッダも言うように、子どもは祖父母とのふれあいを通して、自然といろいろなことを学んでいきます。

なぜ、イヤな子《こ》を「なかまはずれ」にしてはいけないの？

自分《じぶん》がそうされたら、
つらくてかなしいよね。
自分《じぶん》がされたくないことは、
人《ひと》にもしてはいけないよ

賢者たちから非難を受けるような下劣な行いを、けっしてしてはならない。
《スッタニパータ145より》

人《ひと》をかなしませてはだめ

もし自分《じぶん》がなかまはずれにされたら、どんな気《き》もちになるか考《かんが》えてみたことはある？　だれもいっしょにあそんでくれないし、なかがよかった子《こ》も、口《くち》をきいてくれなくなるんだ。こんなにつらくて、かなしいことはないよね。

自分《じぶん》がされたらいやなことは、ほかの子《こ》にとってもいやなことだよ。されたらいやなことは、だれにだってしてはいけない。イヤな子《こ》かどうかなんてかんけいないよ。もし「あの子《こ》をなかまはずれにしよう」とだれかにさそわれたら、「いやだ」とはっきり言《い》おう。「わるいことだからいやだ。そんなのしちゃだめだ」と言《い》おう。人《ひと》をかなしくさせ、自分《じぶん》のこころもよごすことは、ぜったいにしないことだ。

おうちのかたへ

「善は急げ、心を悪から遠ざけよ。善をなすのにのろのろしていると、心は悪を楽しんでしまう」《ダンマパダ116》。心を清めずに放っておくと人は悪に引き寄せられる、善行を積むことで悪に打ち勝て、とブッダは言っています。「その報いは自分には来ないだろうと思って悪を軽んずるな」と、小さな悪にも手を染めないよう戒めています。「なかまはずれ」やいじめは、そうした悪のひとつだと教えましょう。

友《とも》だちが
すくないことは、
だめなことなの？

こころをわかりあえる
友《とも》だちがいれば、
それでいいんだよ

旅に出て、自分よりすぐれた者か同等の者に出会わなかったら、むしろきっぱりと一人で行け。

《ダンマパダ61より》

いい友《とも》だちがいれば

友《とも》だちがたくさんいる子《こ》を見《み》ると、ちょっとうらやましくなるかもしれないね。でも、本当《ほんとう》の友《とも》だちというのは、ひとりかふたりでもいいんだ。

あそぶときだけあつまる友《とも》だちや、学校《がっこう》でゲームやマンガの話《はなし》をするだけの友《とも》だちは、クラスがかわったりすると、はなればなれになるかもしれない。

本当《ほんとう》に大事《だいじ》なのは、きみが弱《よわ》っているときや、つらい気《き》もちでいるときに、そばにきてしんぱいしてくれる友《とも》だちだ。うまくいかないときに、はげましてくれたり、きみがまちがったことをしたとき、しかってくれる友《とも》だちだ。

大事《だいじ》なのは人数《にんずう》じゃないよ。こころをわかりあえる友《とも》だちがいることが、大《だい》事《じ》なんだ。

おうちのかたへ

友だちをつくるのが苦手な子もいますが、仲のいい子が二、三人いれば心配はないでしょう。人数よりも、いい友だちができることが大事です。小学生のうちに、その後親友となる友人ができることは多いです。子どもには「友だちを大切にしよう」と伝えましょう。ブッダは「愚か者と付き合うより、むしろ一人で歩め」と言い、よくない仲間を増やすより、自分を成長させるよき友と出会うことが大事だと教えています。

いまの友《とも》だちと、おとなになっても友《とも》だちでいられる？

きみが「友《とも》だちでいたい」と
思《おも》っているうちは、
いくつになっても友《とも》だちだよ

事が起こったとき、友だちがいるのは幸せだ。
《ダンマパダ331より》

友《とも》だちはこころのささえ

友《とも》だちというのは、うれしくて、ありがたいものだよ。

きみが学校《がっこう》で、はずかしいしっぱいをしてしまっても、からかったりせずになぐさめてくれる。さびしい思《おも》いをしているときは、いっしょにあそんで元気《げんき》づけてくれる。はんたいに、その友《とも》だちがかなしい気《き》もちでいるときは、こんどは、きみがなぐさめてあげるよね。サッカーやバスケ、ピアノなど、いっしょにれんしゅうして、おたがいにどんどんうまくなるのも、いい友《とも》だちのかんけいだ。そういう友《とも》だちなら、きみが「ずっと友《とも》だちでいたい」と思《おも》ったら、きっとあいてもそう思《おも》ってくれる。

だから、おとなになってもずっと友《とも》だちでいられるはずだよ。

おうちのかたへ

「事が起こったとき、友だちがいるのは幸せだ」とブッダが言うように、子ども同士のトラブルが起きたときなど、頼りになるのは親や先生よりも友だちです。そういう友と中学高校と交流が続くと、親友といえる存在になり、大人になってもよい付き合いがずっと続くでしょう。何でも開けっぴろげに話せて、お互いのいい面も悪い面も知り、事が起きたときには心の支えになる。そんな友だちができれば最高です。

子《こ》どもと
おとなのこころは、
どうちがうの？

正《ただ》しいことと、
わるいことのくべつを
ちゃんとつけられるのが
本当《ほんとう》のおとな

落ち着いて思慮深い人は、身をつつしみ、
ことばをつつしみ、心をつつしむ。
《ダンマパダ234より》

こころもせいちょうする

おとなと子《こ》どもには、体《からだ》の大《おお》きさや年《ねん》れいのちがいだけでなく、こころがおちついているかどうか、というちがいがありますね。

おとなは、楽《たの》しいこともつらいことも、子《こ》どものなんばいもけいけんしています。何《なに》かをしたくても思《おも》いどおりにならないというくるしさも、たくさん知《し》っています。そうしたけいけんでこころがきたえられ、ふつうのおとなは、体《からだ》だけでなくこころも大《おお》きくせいちょうして、おちついています。

おとなのこころは、正《ただ》しいことと、わるいことのくべつをちゃんとつけられます。でも、わるいことをするおとなもいますね。本当《ほんとう》のおとなと、こころがおとなになっていない、見《み》せかけのおとながいるということですね。

おうちのかたへ

ブッダは、賢者は常に心をととのえ、自己を守るとして、「落ち着いて思慮深い人は、身をつつしみ、ことばをつつしみ、心をつつしむ」と言っています。大人とは本来こういうものですが、世間には分別のない大人もいます。社会のルールやマナーを守らない大人は「見せかけの大人」で、心の栄養となるさまざまな経験や正しい知識を得ないと、心は本当の大人に成長しないことを伝えましょう。

ブッダさんに会《あ》えるところ

ブッダさんは、「おしゃかさま」とよばれて、日本人《にほんじん》のくらしの中《なか》に、むかしからとけこんでいます。きみも、もしかしたら、どこかでブッダさんに会《あ》っているかもしれないよ。

それは、お寺《てら》には「おしゃかさま」の仏《ぶつ》ぞうをおいてあるところが多《おお》いから。たとえば、「しゃかにょらいぞう（釈迦如来像）」というのは、ブッダさんのすがたをモデルに、木《き》やねん土《ど》などで作《つく》った仏《ぶつ》ぞうです。すわっているすがたや、立《た》っているすがたもあります。

日本中《にほんじゅう》にいくつもの「しゃかにょらいぞう」がありますが、そのすがたには、次《つぎ》のようなとくちょうがあります。

* あたまのてっぺんがコブのようにもり上《あ》がっている（肉《にっ》けい）。
* かみの毛《け》がちぢれたように丸《まる》くあつまっている（らほつ）。
* ひたいのまんなかに、丸《まる》いもの（白《びゃく》ごう）がついている。
* かざりのない、ゆったりしたきもの（のう衣《え》）を着《き》ている。
* 両手《りょうて》をかるく組《く》んでいるか、そっと前《まえ》へ向《む》けている（印《いん》）。
* せなかに板《いた》のようなかざり（光背《こうはい》）がある。

そして、お顔《かお》はふくよかで、表情《ひょうじょう》はきりっとしていますが、やさしさを感《かん》じる仏《ぶつ》ぞうが多《おお》いです。きみも、「しゃかにょらいぞう」を見《み》ることがあったら、ブッダさんこんにちは、とこころの中《なか》であいさつしてくださいね。

しゃかにょらいぞうの
とくちょう

らほつ
かみの毛《け》が丸《まる》いまき毛《げ》になってあつまっている
白《びゃく》ごう
白《しろ》くながい毛《け》がくるくる丸《まる》まって玉《たま》のようになっている
くびわなどのかざりはつけない
印《いん》
手《て》の形《かたち》にはいくつかしゅるいがあり、これは「ぜんじょう印《いん》」
肉《にっ》けい
あたまのてっぺんがもりあがっている
光背《こうはい》
体《からだ》からはっする光《ひかり》をあらわしている
のう衣《え》
1まいのぬのでできた、ゆったりしたきもの

ブッダさんのおしえ

こころをきれいにしておく

ブッダさんは、こんなことを言《い》っているよ。

「どんな小《ちい》さなわるいこともしないでいよう。よいことをたくさんして、自分《じぶん》のこころをきれいにしておこう」《ダンマパダ 183 より》

よいことをして、こころをきれいにしておく。これはぎゃくに言《い》うと、わるいことをしてしまうと、こころがよごれてしまうということだね。「このくらいへいき」と思《おも》って、ちょっとわるいことをしてしまうと、こころには、どんどんよごれがこびりついてしまうんだよ。

ブッダさんが教《おし》える「わるいこと」「してはいけないこと」をここにあげておくので、おぼえておこうね。

＊ むやみに生《い》きものをころすこと
＊ 人《ひと》のものをぬすむこと
＊ うそをつくこと・つくり話《ばなし》を言《い》いふらすこと
＊ 人《ひと》のわるくちを言《い》うこと
＊ わるいことばをつかうこと
＊ ものおしみすること（人《ひと》にものをかさないこと）
＊ あれもこれもと、ほしがること
＊ おこること
＊ 人《ひと》をうらむこと
＊ やくそくをやぶること

第四章

いのちのふしぎとなぜ?

花《はな》や木《き》にも、いのちってあるの？

タネから大《おお》きくそだつのも、
花《はな》がさいたり実《み》をつけるのも、
いのちがあるから

一切の生きとし生けるものへ、すべての世界へ、
無限の慈しみの心を向けよう。
《スッタニパータ149、150より》

いのちはつながっていく

アサガオの小《ちい》さなタネを土《つち》にうめると、いつのまにかめを出《だ》して、少《すこ》しずつ大《おお》きくなっていくよね。日《ひ》に当《あ》てて、水《みず》をあげるのをわすれずにいると、どんどんのびてきれいな花《はな》がさく。これは、土《つち》と水《みず》と日《ひ》の光《ひかり》で、アサガオのいのちがそだったということだね。

木《き》も、冬《ふゆ》にははっぱがおちて、かれたようになるのに、春《はる》がくると、またみどりのはっぱがたくさん出《で》てくる。サクラは毎年《まいとし》お花見《はなみ》ができるし、ミカンの木《き》はたくさんミカンができる。木《き》にもいのちがあるからだね。アサガオはかれてしまうけれど、タネをのこす。そのタネから、またつぎの年《とし》に花《はな》がさくんだ。花《はな》も木《き》もずっとこうして、いのちのリレーをしているんだよ。

おうちのかたへ

草花も木もいのちがあるから、季節ごとにいろいろな花が咲き、果実がみのります。身近な自然にふれながら、植物もみな「いのちのリレー」をずっと続けていることを子どもに実感させたいです。野菜やくだものが食べられるのも、そのリレーのおかげです。植物は人がよく世話をしてあげることで元気に育つことや、草花を折ったり花壇を荒らすことは、いのちを傷つけることになることを教えましょう。

なぜ、子《こ》ネコや子《こ》イヌはあんなにかわいいの？

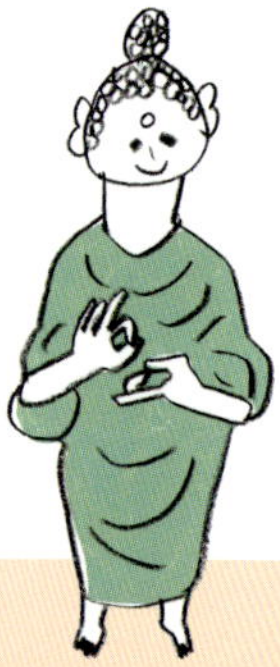

みんなにあいされて、みんなに守《まも》られてそだっていくためだよ

すでに生まれたものも、これから生まれようとするものも、一切の生きとし生けるものは幸いであれ。《スッタニパータ147より》

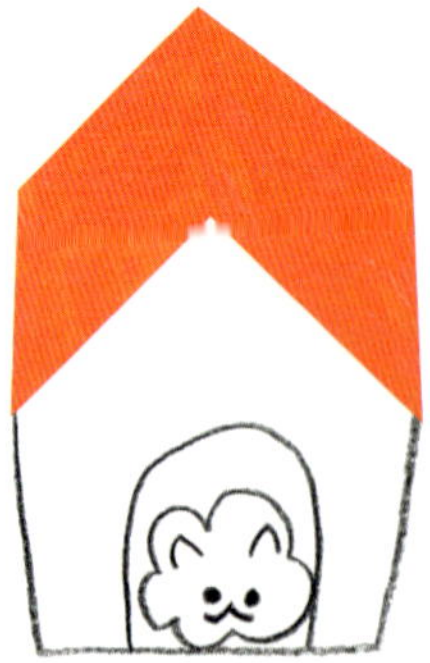

動物《どうぶつ》の子《こ》がかわいいわけ

子《こ》ネコも子《こ》イヌも、たまらなくかわいいよね。ひよこやハムスター、ウサギの赤《あか》ちゃんもそうだけれど、動物《どうぶつ》の子《こ》どももって、みんなかわいらしくて、見《み》ているだけでやさしい気《き》もちになるね。

動物《どうぶつ》の子《こ》のすがたには、きょうつう点《てん》があるのはわかるかな？　みんなちっちゃくて、ふわふわで、まるっこいんだ。これは、まわりのなかまが見《み》たら、すぐ子《こ》どもだとわかって、守《まも》ってあげたくなるようなかたちなんだ。

小《ちい》さくてよわよわしいけれど、みんなにあいされて、守《まも》ってもらえるから、子《こ》ネコも子《こ》イヌもそだつことができるんだね。動物《どうぶつ》の子《こ》がかわいいのは、小《ちい》さないのちを守《まも》るための、しぜんのちえなのかもしれないね。

おうちのかたへ

ブッダはいのちあるすべてのものに慈愛を注ぐように説き、無用な殺生を禁じました。子どもにも、周りが守ってあげないと生きていけないいのちがあることを教えましょう。ほ乳動物には、わが子でなくても子どもを守ろうとする習性があり、母ネコがウサギの子を一緒に育てたり、イヌが子ネコの世話をする例など話してあげると喜ぶでしょう。ペットや生きものを飼うことは、いのちの尊さやはかなさを知るよい機会になります。

病気《びょうき》になると、こころも弱《よわ》くなるの？

体《からだ》が弱《よわ》っても、こころはしっかり強《つよ》くもつことが大事《だいじ》

自己を愛しいものと知るならば、自己をよく守るべきに。
《ダンマパダ157より》

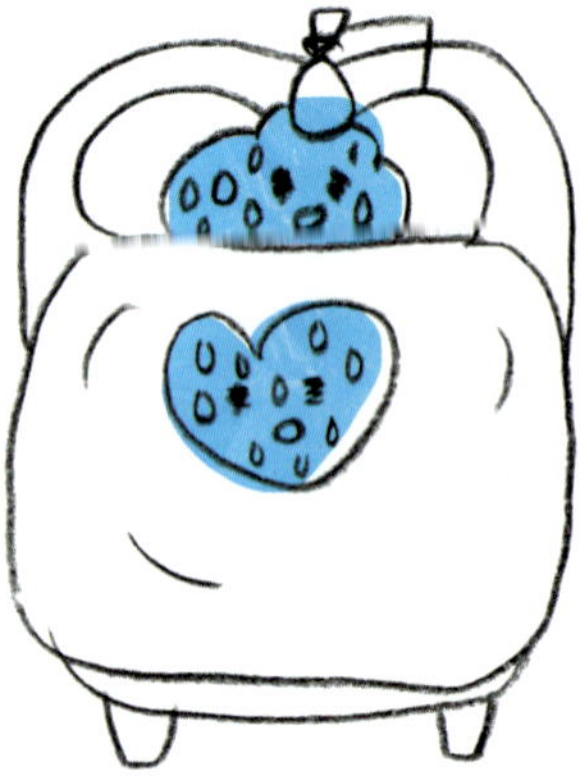

自分《じぶん》で気《き》もちを弱《よわ》くしない

カゼでねつを出《だ》して、ねこんだりすると、なんだかこころも元気《げんき》がなくなるよね。体《からだ》のぐあいがわるいと、気分《きぶん》がくらくなったりするのは、おとなも同《おな》じです。でも、病気《びょうき》になるとこころも弱《よわ》くなるということはないんだよ。大事《だいじ》なのは、自分《じぶん》で弱気《よわき》にならないことなんだ。

体《からだ》の病気《びょうき》は、自分《じぶん》の力《ちから》だけではなおせないこともある。でも、こころを強《つよ》くもっていると、病気《びょうき》にまけずに、早《はや》く元気《げんき》になることが多《おお》いんだ。自分《じぶん》でわるいほうに考《かんが》えたり、気《き》もちを弱《よわ》くしてしまうのがいけないんだね。

もし病気《びょうき》になった友《とも》だちがいたら、おみまいに行《い》くと、きっとよろこんでくれるよ。友《とも》だちが来《き》てくれると、こころがはげまされて元気《げんき》が出《で》るからね。

おうちのかたへ

心と体は関係が深く、子どもでも体の不調が心に影響することがあります。もし治療に長くかかるような病気になった場合は、とくに心のケアが大切です。親も周囲もつとめて明るく接し、子どもに不安を抱かせないよう心がけたいです。ブッダは、「自己を愛しい存在と思うなら、自己を守れ。自ら悪いほうへ心を向けると、自分をだめにする」と説いています。弱気やマイナスの思考にならないよう、親が支えてあげましょう。

お父《とう》さんやお母《かあ》さんも、いつか死《し》んじゃうの？

子も救うことができない。死にとらえられた者を親族も救うことはできない。
《ダンマパダ288より》

だれでもいつかは、かならず死《し》ぬことになるんだよ

おわりがあるから

人《ひと》はいつか、かならず死《し》にます。かなしくて、ちょっとこわいことだけれど、これは真実《しんじつ》です。お父《とう》さんもお母《かあ》さんも、そしてきみも、いつか死《し》をむかえます。いのちというのはかぎりがあるので、死《し》は、だれもさけることができないのです。

本《ほん》を読《よ》んだり、えいがを見《み》たりすると、かならずはじまりがあって、おわりがあるよね。おわりがあるから、本《ほん》もえいがも作品《さくひん》になります。人《ひと》が生《い》きていくこともにています。生《う》まれてから、わらったりないたり、よろこんだり、たくさんのできごとがあって、いつかおわりがきます。死《し》というおわりがあるのを知《し》っているから、人間《にんげん》はいっしょうけんめい生《い》きるのです。

おうちのかたへ

小学生のうちは、死というものを理解しにくいかもしれません。親類や祖父母、ペットの死などを機会に、いのちには限りがあることをきちんと伝えておきたいです。なぜ親しい人が亡くなると人は悲しむのか、愛する者を置いてなぜ逝ってしまうのか。死ぬこと、生きることを子どもなりに考えることは大事です。親も死を怖いこととか、避けておきたいことと捉えず、誰もがいつか向き合うことだと教えましょう。

死《し》んじゃった人《ひと》は、
もうどこにも
いないの？

その人《ひと》のことを思《おも》うと
こころにうかんでくるよね。
きみがわすれないかぎり
ずっとこころの中《なか》にいるよ

愛した人も、死んでこの世を去ったなら、再び
現実に会うことはできない。
《スッタニパータ807より》

こころの中《なか》にずっといる

人《ひと》は死《し》んだらどこへ行《い》くのでしょう？　これは正《ただ》しく言《い》うと、だれにもわかりません。天国《てんごく》があるのかもしれないし、またべつの世界《せかい》があるのかもしれない。何《なに》もないのかもしれません。でも、死《し》んじゃった人《ひと》がどこにもいないということはありません。遠《とお》いところに住《す》んでいる友《とも》だちのことを考《かんが》えると、こころにその友《とも》だちがうかぶよね。同《おな》じように、たとえば、なくなったおばあちゃんのことを考《かんが》えると、こころにおばあちゃんがうかんでくるはずです。だっこされたことや、言《い》われたことばも思《おも》い出《だ》すでしょう。

それは、きみのこころの中《なか》に、まだちゃんといるということです。きみがわすれないかぎり、死《し》んだ人《ひと》もずっとこころの中《なか》で生《い》きているのです。

おうちのかたへ

死んだ人は、現実にはこの世にいないわけですが、その人の記憶が残っているうちは「こころの中に存在している」ということができます。かけられたことばや、手のぬくもり、やさしい笑顔など、子どもの心に思い出として残っているうちは、ずっと心の中に住んでいるのです。霊魂やたましい、天国や仏教でいう極楽浄土などの話をするより、子どもは素直に納得できると思います。

えんぎ【縁起】

これは仏教《ぶっきょう》とかんけいのふかいことばです。「えんぎがいい」とか「えんぎがわるい」と言《い》って、よいことやわるいことの前《まえ》ぶれの意味《いみ》でよく使《つか》われますが、もとの意味《いみ》はだいぶちがいます。

仏教《ぶっきょう》では、すべてのものごとは「いんねん（因縁）」によって生《う》まれると考《かんが》えます。それを「えんぎ」というのです。いん（因）はものごとを生《う》みだすげんいんのこと、えん（縁）は、そのとちゅうでかかわるじょうけんのこと。たとえば、花《はな》がさくのは、タネをまくという「いん」があって、そのタネを育《そだ》てるのにかかわる水《みず》や、土《つち》のえいよう、太陽《たいよう》の日《ひ》ざしは「えん」ということ。タネがあるだけでは花《はな》はさかないよね。

すべてのものごとが因縁によって生じ（因縁生起《いんねんしょうき》）、変化し、滅するという考え方は仏教の根本思想です。

かんさつ【観察】

理科《りか》のじゅぎょうで、アサガオなどのかんさつノートを作《つく》ったことはあるかな？　かんさつとは、よくちゅういしてものを見《み》ること。じっくりかんさつすると、少《すこ》しでも前《まえ》とかわったことがあると気《き》づいたりできるよね。

これも仏教《ぶっきょう》のことばで、「見《み》つめること、ながめること」という意味《いみ》は同《おな》じです。同《おな》じ漢字《かんじ》で「かんざつ」と読《よ》むこともあり、こちらはもう少《すこ》しふかい意味《いみ》があります。それは、ものごとをこころに思《おも》いうかべて、こまやかに、あきらかに考《かんが》えること。そしてものごとを正《ただ》しく見《み》きわめる、ということです。正《ただ》しく見《み》るということは、意外《いがい》にむずかしいことなんですよ。

仏教ではさとりに至る修行の基本である「八正道《はっしょうどう》」の最初に、「正見《しょうけん》」（正しく見ること）があります。

どうして、人《にん》間《げん》はせんそうで人《ひと》をころすの？

うらみやにくしみをすてることができず、「おろかさ」に気《き》づかないからだ

われらはいずれここで死ぬものと覚悟しよう。このことわりを人々が知るなら争いはおさまる。《ダンマパダ6より》

ぜったいにしてはいけないこと

「よくぼう」や「いかり」は、人《ひと》のこころをくるしめる大《おお》きなげんいんです。このふたつがもとになって、けんかやあらそいがよくおこります。「よくぼう」のために、うらみやにくしみが生《う》まれることもあります。

そこに、正《ただ》しいことと、まちがったことのくべつがつかない「おろかさ」がくわわると、せんそうという、人間《にんげん》がぜったいにしてはいけないことをはじめてしまいます。せんそうは、人《ひと》が人《ひと》をころしたりきずつけ合《あ》う、この世《よ》でもっともわるい、かなしいおこないです。

ブッダは、「うらみにうらみでかえしては、うらみはしずまらない。うらみをすててこそ、あらそいはしずまる」と言《い》っています。

おうちのかたへ

ブッダは人の心を苦悩させる根本の原因として、「むさぼり」「怒り」「愚かさ」の三つをあげています（これを「貪《とん》・瞋《じん》・癡《ち》」の三毒といいます）。むさぼりは、欲望を抑えられずに次から次へと欲張ること。怒りは、思いが果たせないことや、自分がされたことへの恨み・憎しみから生まれます。愚かさは、この世界の真理（無常など）を知らずにいることです。戦争とは、この三毒を集約した人間の最も愚かな行為と言えるでしょう。

いのちを大《だい》事《じ》にするって、どういうこと？

かぞくや友《とも》だち、
生《い》きもののすべてに、
できるだけ
やさしくすることだよ

一切の生きとし生けるものは、幸福であれ、
平穏であれ、安楽であれ。
《スッタニパータ145より》

まわりにかんしゃして

いのちを大事《だいじ》にするとは、まわりの人《ひと》たちや、生《い》きものすべてにやさしくすることです。自分《じぶん》のことだけでなくね。それは、きみのいのちは、まわりのたくさんのいのちにささえられているからなのです。

かぞくにたすけられ、友《とも》だちにはげまされ、たくさんのいのちを食《た》べものとしていただいて、きみは生《い》きています。まわりにいつもかんしゃの気《き》もちをわすれずにいれば、しぜんとやさしくなれるはずですね。ブッダは、「目《め》に見《み》えるものでも、見《み》えないものでも、遠《とお》くに住《す》むものでも、近《ちか》くに住《す》むものでも、すでに生《う》まれたものでも、これから生《う》まれようとするものでも、すべてのいのちあるものは、しあわせであるように」と言《い》っています。

おうちのかたへ

人の暮らしも世の中もいのちの支え合いで成り立っています。子どもには、周囲の人やいのちあるものへ感謝の気持ちをもち、誰にでもやさしく接することが大事だと教えましょう。ブッダは、「あたかも母がわが独り子を命がけで守るように、一切の生きとし生けるものに、また全世界に対して、無限の慈しみの心を向けよう」《スッタニパータ１４９、１５０》と言っています。いのちあるものへの慈愛は仏教の根本の精神です。

自分《じぶん》のいのちは、どこからきたの？

「うちゅう」という、はてしなく広《ひろ》い世界《せかい》から、お父《とう》さんとお母《かあ》さんをとおして生《う》まれてきたんだ

いのちはずっとつづいている

人《ひと》が生《う》まれてくるためには、かならずお父《とう》さんとお母《かあ》さんがひつようです。お父《とう》さんとお母《かあ》さんが、あいじょうでむすばれることがひつようです。きみのお父《とう》さんとお母《かあ》さんにも、かならず親《おや》がいます。その親《おや》にもまた親《おや》がいます。ずっと遠《とお》いむかしまでさかのぼっていくと、ひとりのいのちは、数《かぞ》えきれないほどの親《おや》のいのちをうけついできたことがわかります。

もっともっとむかしへさかのぼっていくと、広《ひろ》い「うちゅう」にちきゅうができて、いのちがたんじょうしたころにまで行《い》きつきます。きみのいのちは、ちきゅうにずっとつづいてきた、たくさんのいのちにささえられて、お父《とう》さんとお母《かあ》さんをとおしてこの世《よ》に生《う》まれたのです。

おうちのかたへ

宗教的な解釈よりも、一人のいのちは、何千年何万年も続いてきたいのちのつながりによってこの世に生かされていることを教えたいです。お盆やお彼岸の折には、ずっと昔のご先祖がいなければ、自分たちは生まれてくることができなかったことを教えると、お墓参りの大切さも納得してくれるでしょう。子どもが「いのち」に関心を持ったときこそ、その大切さ・尊さを伝えましょう。

生《い》きることって、楽《たの》しいの？

とても楽《たの》しいことだよ。
自分《じぶん》だけでなく、
みんなが楽《たの》しくなれるように
いつも考《かんが》えていればね

修養と、清らかな行いと、真理を観ること、
安らぎを得ること。これが最上の幸福である。
《スッタニパータ267より》

きれいなこころのままでいれば

生《い》きていくと、楽《たの》しいことがたくさん待《ま》っています。子《こ》どものうちも楽《たの》しいけれど、おとなになるともっと楽《たの》しいことが待《ま》っています。

ただし、うそをついたり、人《ひと》をきずつけたりしないで、きれいなこころをもったままおとなになったらの話《はなし》です。わるいことをしてこころがよごれていると、本当《ほんとう》の楽《たの》しさを知《し》ることはできません。

自分《じぶん》だけ楽《たの》しい思いをするのもだめです。それは本当《ほんとう》の楽《たの》しさではありません。自分《じぶん》だけでなく、いっしょの友《とも》だちや、まわりのみんなが楽《たの》しくなることを考《かんが》えて行動《こうどう》すると、きっといいことがたくさんおこります。楽《たの》しい、いいことがたくさんおこる生《い》き方《かた》を、しあわせというのです。

おうちのかたへ

「悩める人々の間で、悩みなく大いに楽しく生きよう。悩める人々の間で悩みなく暮らそう」《ダンマパダ198》。執着を手放し煩悩から解き放たれれば、心安らかに生きていけるということです。生きることは苦の連続であるとするブッダは、教えのなかでは楽しいことや幸せなことの事例をいくつもあげています。利己的な考えをやめ、楽しさも分かち合う生き方こそ、これからの人生を楽しく豊かにすることを教えましょう。

ブッダのことばについて

おうちの方へ

法事などでお坊さんがよむお経は、仏教の教えをまとめたものです。もともとはブッダ（お釈迦様）の教えそのものを記したのがお経（経典）だったのですが、私たちが現在ふれることのできるお経は、ブッダが亡くなったずっとあとの時代にブッダ以外の人たちの手で書かれたものです。

ブッダが実際に布教していたときのことばをまとめたものは「原始仏典」や「原始経典」と呼ばれ、信者らの口伝によって受け継がれてきたブッダの教えが、詩や散文のかたちで書かれています。この本で取り上げているブッダのことばも、原始仏典『スッタニパータ』と『ダンマパダ』からの引用が主です。

『スッタニパータ』は現存するものでは最古の経典とされ、ブッダの教えを最も忠実に伝えるといわれています。『ダンマパダ』は漢訳の『法句経』の名でも知られています。いずれも、南アジアの仏教国（日本などの大乗仏教に対して、タイやスリランカ、ミャンマーに伝わる仏教は上座部仏教または南伝仏教と呼ばれます）では、庶民にもなじみの深い経典で、日常の暮らしに即したブッダの教えが、わかりやすいことばで書かれています。

親子で本書を読んで、すこしでもブッダのことばに興味を持ちましたら、以下の参考図書を手に取ってみることをおすすめします。なお本書での引用の際にも、以下の書籍での翻訳を参考にさせていただきました。

●参考図書

『真理のことば　感興のことば』中村 元訳（岩波文庫）
『ブッダのことば』中村 元訳（岩波文庫）
『原始仏典』中村 元著（ちくま学芸文庫）
『ダンマパダ 全詩解説』片山一良著（大蔵出版）
『ブッダ　真理のことば』佐々木閑著（ＮＨＫ出版）
『ブッダの言葉』中村元訳、写真・丸山勇、解説・佐々木一憲（新潮社）
『原訳「法句経」一日一悟』アルボムッレ・スマナサーラ著（佼成出版社）

●著者既刊本

『心を育てるこども仏教塾　ブッダがせんせい』宮下 真著、まつおかたかこ絵（永岡書店）
『ブッダ いのちの言葉』宮下 真著、永井政之監修（永岡書店）

● 著者紹介

宮下　真（みやした まこと）

1957年福島県生まれ。文筆家。仏教関係や日本・中国の古典、東洋思想を主な分野として執筆・出版活動に従事。編集者として猫の本の構成・執筆も多い。著書に『心を育てるこども仏教塾 ブッダがせんせい』、『ブッダ いのちの言葉』、『空海 黄金の言葉』、『親鸞 救いの言葉』、『老子 上善の言葉』など、編著書に『ふっと心がかるくなる禅の言葉』、『心にひびく論語』（いずれも永岡書店刊）などがある。

● イラストレーター紹介

まつおか　たかこ

日本・大阪生まれ。学生時代は工業デザインを専攻、卒業後は独学でグラフィックデザインを学ぶ。
イラストレーターとしての活動開始後は雑誌・教科書・絵本などに作品を提供するに留まらず、広告・企業キャラクターデザイン・CI・書籍の装丁・ミュージシャンとの音楽と絵のコラボレーションでライブペインティングを行うなど、フィールドは多岐に渡る。

本文デザイン　白畠　かおり

心を育てる こども仏教塾

おしえてブッダせんせい こころのふしぎ

著　者　宮下　真
発行者　永岡純一
発行所　株式会社永岡書店
〒176-8518
東京都練馬区豊玉上1-7-14
代表 Tel. 03（3992）5155　編集部 Tel. 03（3992）7191
印　刷　横山印刷
製　本　若林製本工場

ISBN978-4-522-43341-6　C8015　⑥